VIE

D'UNE

FILLE CENTENAIRE

DU DIX-NEUVIÈME SIÈCLE.

———

Quelques mois se sont écoulés, depuis qu'une perte sensible est venue affliger les ames charitables et dévouées, et exciter les regrets presque universels de la commune de Palmas, département de l'Aveyron. Marie Lamic n'est plus..... Cette pieuse et vénérable centenaire, qui, par la pratique constante de toutes les vertus chrétiennes, fut l'honneur et le plus bel ornement de sa vertueuse famille, pendant l'espace de plus d'un siècle; qui, pendant plus de quatre-vingts ans, soutint les enfans de trois générations qui se succédèrent dans sa famille; cette vertueuse fille qui, durant sa longue et honorable existence, ne cessa de se signaler par des actes de vertu et d'un généreux dévouement; cette amie de l'humanité, qui excita l'amour de la vertu et de la bienveillance de tous ceux qui la connurent; cette fille si bonne et si dévouée, cette amie fidèle, vient d'être enlevée à notre amour.....

Sa longue carrière fut une série continuelle d'œuvres saintes. Chaque instant de cette vie si pleine et si utile fut consacré à des œuvres de bienfaisance et aux saintes pratiques de la religion; et il semble que l'étonnante variété de tant de bonnes œuvres lui ait tenu lieu de délassement et de repos.

Si, en esquissant ce faible tableau, je renouvelle des douleurs bien légitimes, puissé-je, du moins, ne pas rester au dessous de mon sujet, et m'acquitter dignement du tribut que mon cœur eût voulu offrir plus tôt à la reconnaissance !......

Marie Lamic naquit à Palmas, département de l'Aveyron, le 28 mars 1737. Son père, Etienne Lamic, maçon, et Antoinette Albouy, sa mère, s'étaient fait estimer par leur probité et la vertu la plus austère. De ce vertueux couple naquirent trois garçons et deux filles, dont Marie était la plus jeune. Cette famille vertueuse retraçait dans son intérieur la foi et les mœurs des anciens patriarches. Marie Lamic fut élevée avec soin dans l'amour et la pratique des vertus chrétiennes. Les mœurs de sa famille obscure, mais honorable et honorée, étaient en quelque sorte patriarcales, et la tradition y conservait le souvenir de ces traits et de ces anecdotes qui, il est vrai, font peu de bruit et n'illustrent pas, mais qui mettent à découvert ces vertus simples et pures qui, comme une fleur modeste, semblent fuir l'éclat du jour.

Ce fut au milieu de tels parens, et sous les yeux de sa pieuse mère, que la jeune Marie Lamic sentit les premiers aiguillons de cet amour de la vertu qui, dès sa plus tendre jeunesse, vinrent lui montrer la carrière de dévouement..... carrière qui a édifié, pendant plus d'un siècle, plusieurs générations ! Son goût pour la piété, la simplicité de ses mœurs, annonçaient une vocation que cette pieuse fille ne put embrasser à cause de devoirs de famille qui la retinrent auprès de ses vertueux parens. A peine âgée de dix ans, Marie Lamic montra une grande piété, et se voua de bonne heure au célibat.

Devenue orpheline encore bien jeune, elle pourvut par son chétif travail à ses nombreux besoins.

Sa sœur aînée s'étant mariée peu de tems après la mort de leurs vertueux parens, Marie Lamic resta auprès de sa sœur, et servit de guide aux enfans de cette sœur, qui eut le malheur de perdre son mari quelque tems après son mariage. C'est ici que commence la carrière de dévouement de Marie Lamic. Partageant avec sa pauvre sœur sa misère et ses souffrances, elle devint le soutien de plusieurs neveux, pauvres orphelins. Durant soixante ans, elle dépensa, pour soutenir ces infortunés enfans, toutes les ressources que lui procurait son travail. Travaillant le jour et la nuit, se refusant presque le nécessaire, n'ayant pour toute nourriture que des alimens grossiers, et pas toujours en quantité suffisante; mal vêtue, transie de froid, elle passait les nuits à travailler avec sa sœur, pour procurer à ceux qu'elle venait d'adopter pour ses enfans une nourriture saine et des vêtemens pour les préserver des intempéries de la saison rigoureuse. Telle fut la conduite de Marie Lamic pendant une période de plus de cinquante ans; tels furent les soins qu'elle prodigua, pendant ce long laps de tems, à son infortunée sœur et à ses pauvres enfans, dont elle fut une seconde mère.

Pendant que cette vertueuse fille consacrait tous ses momens, toutes ses ressources à élever des enfans qui lui étaient chers, ses trois frères avaient quitté le toit paternel, pour aller chercher fortune ailleurs. Leur éloignement de la maison paternelle affligea sincèrement les deux infortunées sœurs, mais surtout Marie, qui eût voulu voir près d'elle ses trois frères, qu'elle affectionnait, qu'elle adorait. Ses vœux ne furent pas exaucés, et elle eut la douleur de les voir partir.

Vivant toujours dans la chaumière où elle avait reçu le jour, avec sa sœur aînée et le plus jeune des enfans de cette dernière, Marie ne cessait de tra-

vailler et de prier pour les siens. Son dévouement ne se ralentit point, et, comme une mère qui voit augmenter le nombre de ses enfans, Marie redouble de zèle et d'ardeur.

Elle partageait ainsi tous ses momens entre ses occupations multipliées, les travaux des champs, les soins du ménage commun et les affections les plus pures, lorsque les excès de la révolution de 89 vinrent bouleverser notre belle patrie. Combien de pertes affligèrent alors son cœur !...... quel ami de l'humanité et de la religion n'eut point à gémir, quel homme ne fut frappé alors dans les objets de ses affections !..... La Convention étendait sa main de fer dans les provinces de notre belle France, et l'esprit qui l'avait dominée la couvrait de ruines et d'échafauds.

Le Rouergue vit aussi décimer sa population et détruire ses monumens. Plusieurs avaient croulé sous les coups du vandalisme, et il méditait de nouvelles dévastations, lorsque l'ordre de faire démolir certains monumens et les tours de tous les édifices destinés au culte est remis aux chefs des districts, qui avaient celui aussi de dépouiller les églises....

Au moment même où Marie Lamic apprend que des mains impies doivent profaner le lieu saint de son village et enlever les vases sacrés, n'écoutant que l'intérêt de la religion et de son lieu natal, inspirée par l'amour de sa vertu, elle oublie qu'elle court les plus grands dangers; elle vole chez deux de ses amies, et leur dit qu'il faut sauver les vases sacrés; et aussitôt elle se rend à l'église, accompagnée de ses deux amies, et les vases sacrés de sa paroisse sont placés dans un lieu de sûreté. Déposés dans des cachettes, les vases sacrés furent soustraits aux vandales. Ainsi furent conservés des objets précieux à tous les amis de la religion et à tous les gens de bien, objets voués à la destruction, ou à quelque

usage impie ou profane. Palmas lui fut redevable de cet acte d'un dévouement courageux. Ce trait donne la mesure de son dévouement aux intérêts de la religion et de son pays, car ce ne fut point sans braver le plus grand péril qu'elle accomplit cette action vertueuse, malgré qu'elle fût alors âgée de plus de cinquante ans.

Ce fut vers le commencement du XIXe siècle qu'un de ses neveux s'établit dans la maison paternelle; ce fut vers cette même époque que Marie Lamic se relégua dans une très-petite chambre, située au rez-de-chaussée de cette maison; mais elle ne continua pas moins à vivre en bonne intelligence avec sa famille, et la jeune personne qui devint sa nièce fut un objet constant d'amour et de sollicitude de la vertueuse tante. De ce mariage, qui remplissait de joie le cœur de Marie Lamic, naquirent deux garçons et une fille. Ceux-ci devinrent bientôt un objet de prédilection de la part de cette bonne tante. Comme les auteurs de leurs jours, ces trois enfans furent les idoles de Marie Lamic, qui ne cessa, jusqu'à son dernier moment, de les aimer, de les protéger et de leur faire tout le bien qu'elle pouvait.

Liée d'amitié avec une famille d'un de ses voisins, Marie Lamic ne cessa de témoigner à ce dernier et à ses amis tous les égards, tout ce qu'on peut enfin attendre d'un ami sincère et dévoué.

Il y a environ trente ans que le fils de cette famille amie trouva la compagne vertueuse qui charma ses rapides loisirs et embellit les quelques jours heureux de ce fils. Ce ne fut point au milieu des illusions et des plaisirs d'un monde vain que ce jeune homme chercha cette digne épouse. Belle de sa vertu plus encore que des grâces de la jeunesse, cette pieuse femme avait toutes les qualités que l'on aime et qui cependant brillent le moins. Exempt d'ambition, Pierre Boubal ne rechercha que les qualités du

cœur, les dons de la vertu, et sa femme en fut abon-
damment favorisée. Marie Lamic applaudit à ce
choix, et conseilla cette union. Ce couple heureux
ne jouit pas long-tems de son bonheur. Cette al-
liance, toujours si intime, s'écoula, hélas! trop
rapidement. Le jeune Boubal perdit cette femme
vertueuse et adorée. La vieille amie de son père, et
la sienne aussi, l'engagea, quelque tems après, à
chercher une autre femme, et c'est ce qu'il fit. De
cette dernière et heureuse union, Pierre Boubal eut
trois garçons, qui eurent le malheur de perdre leur
père étant encore enfans. Une mort prématurée et
presque subite enleva ce bon père de famille et fit
trois orphelins. Nous allons voir de quoi est capable
une amitié pure, sincère et dévouée. Marie Lamic
va nous en donner un exemple digne d'être cité. Son
premier soin, après la mort du père de ces trois
garçons, est de consoler la veuve éplorée et les trois
orphelins, qu'elle regarde comme ses enfans. Elle
déplore la perte de son ami, mais elle ne se laisse
point abattre par la douleur. Elle se tient auprès
de la jeune veuve et de ses enfans, et leur prodigue
toutes les consolations qu'offre la religion. Elle en-
toure de tous ses soins, de toute son amitié, les
jeunes enfans devenus pour elle un objet de sa constante et vive sollicitude. Elle néglige ses propres
intérêts pour se vouer tout entière aux enfans de
son ami. Oui! on la vit alors aller passer des journées entières auprès de sa veuve, pour la consoler et prodiguer aux trois orphelins tous les soins
imaginables. Pas un seul jour ne s'écoula, depuis
ce triste événement, sans que cette vieille et généreuse amie ne fît entendre aux trois orphelins quelques paroles de consolation, et ne leur prodiguât
des soins de toute espèce.

Telle fut la conduite de Marie Lamic envers ceux
qu'elle appelait ses amis et qu'elle aima comme des

frères, et ce durant sa vie. Que de soins empressés et affectueux n'a-t-elle pas prodigués à ces trois orphelins ! combien de sages conseils ne leur a-t-elle pas donnés , sans lesquels, peut-être, ces trois vertueux enfans se seraient écartés du sentier de la vertu !.... Pénétrés de reconnaissance envers leur bienfaitrice , les trois orphelins , aujourd'hui des hommes probes et vertueux, ne cessèrent de lui donner les marques de la plus sincère amitié et d'une gratitude bien vive.

Heureux ceux à qui la Providence donne une amie comme Marie Lamic ! Heureux ! oui , mille fois heureux les enfans qui , en perdant les auteurs de leurs jours , retrouvent dans une amie une seconde mère !.....

La bienfaisance était une de ses vertus de prédilection, mais elle ne l'exerçait point au hasard. Elle aimait surtout à soulager le malheureux actif et laborieux ; sa tendre sollicitude devenait plus empressée envers le pauvre que l'infortune ou un événement malheureux mettait dans l'impossibilité de fournir aux besoins de sa famille. Ce n'était point l'opulence, distribuant indistinctement l'aumône ; c'était la fille pieuse et pauvre, c'était une amie dévouée qui consolait les siens et les priait d'accepter le fruit de ses minces économies.....

Un hiver rigoureux avait entièrement réduit à la misère une pauvre famille de Palmas. Cette malheureuse famille avait épuisé toutes ses ressources ; nourriture, effets d'habillement, tout manquait à ces pauvres, mais honnêtes gens. La mère, parfaite honnête femme, et mère de plusieurs enfans en bas âge, était réduite à une affreuse misère ; mais, trop fière pour implorer le pain de la pitié, elle se laisse aller au plus violent désespoir. Cependant la nécessité la presse ; elle se détermine ; elle veut que son industrie seule, bien que peu lucrative, vienne à son

PARIS, DE L'IMPRIMERIE DE PILLET AINÉ,
Rue des Grands-Augustins, n. 7.

VIE

D'UNE

FILLE CENTENAIRE

DU DIX-NEUVIÈME SIÈCLE.

NOTICE

Sur Marie LAMIC, fille célibataire, décédée à Palmas,

(Aveyron),

le 15 janvier 1842, à l'âge de 105 ans.

Cette Notice contient des faits intéressans, édifians, et propres à inspirer l'amour de la vertu. On y trouve des détails très-curieux sur les mœurs, les habitudes et la manière de vivre de cette centenaire.

Cache ta vie et tes bienfaits, telle était sa maxime.

Par M. L. BELLOC.

Se vend, au profit des Pauvres, 60 centimes.

A PARIS,

CHEZ L'AUTEUR, RUE SAINT-HONORÉ, N° 367;

ET CHEZ TOUS LES LIBRAIRES DU DÉPARTEMENT DE L'AVEYRON.

1842.

secours. Elle passe les nuits au travail, et cela pendant plusieurs jours. Marie Lamic apprend la situation malheureuse de cette famille ; la mère lui expose son malheur, mais son désespoir éclate ; ses sanglots l'empêchent de faire connaître toute sa misère. À cette vue, la fille bonne et sensible n'est pas maîtresse de l'émotion qu'elle éprouve. Elle s'approche de l'infortunée mère, la reçoit dans ses bras, et partage et sa douleur et ses larmes. Elle calme son cœur et lui rend le courage et l'espérance. « *J'ai,* lui dit-elle, *quelque argent ; tenez,* ajouta-t-elle en lui remettant une petite somme d'argent, *après l'hiver vous me la rendrez, ou bien quand vous pourrez.* » Cette mère infortunée ne put trouver de langage pour exprimer sa reconnaissance ; quelques larmes roulaient encore dans ses yeux ; mais ce n'étaient plus celles du désespoir. Un enfant, seul témoin de cette scène attendrissante, n'oublia point cette sublime leçon, et son cœur trahit le secret de celle qui eut toujours pour maxime : *Cache ta vie et tes bienfaits.*

Marie Lamic donna toujours des preuves d'une vertu austère, d'une probité scrupuleuse et d'un désintéressement absolu durant le cours de sa longue vie.

Heureuse d'être utile aux siens et aux malheureux, et de posséder l'estime et l'amitié de tout le monde, elle se contentait de pouvoir vivre du jour le jour ; jamais l'intérêt ne fut le mobile de ses actions.

Peu de tems après le siége d'Anvers, qui eut lieu en 1832, et auquel j'assistai comme militaire, je rentrai dans ma famille. Ma mère, qui, pendant la durée de ce siége mémorable, n'avait cessé d'être en proie aux plus cruelles inquiétudes sur mon sort, m'exprima, à notre première entrevue, toutes les craintes qu'elle avait éprouvées sur mon compte.

Témoin de notre conversation, Marie Lamic s'écria, avec le calme qui caractérise une belle ame : « *Mais moi, je n'ai rien craint pour votre fils ; j'étais assurée qu'il n'éprouverait aucun mal, parce que je ne cessais de prier pour lui.* » En effet, les boulets hollandais respectèrent ma personne..... Heureuse, heureuse l'ame qu'anime cette croyance sainte !...... Et quel est l'homme en effet, doué de ce présent du ciel, qui ne se sente mille fois plus heureux dans ses jours de bonheur, qui par elle n'oppose un cœur d'acier et de bronze à l'infortune, et que l'espérance n'abandonne jamais ; qui ne rapporte, en un mot, à cette puissance secrète qu'il sent dans le fond de son cœur, sans qu'il ait besoin de la toucher ni de la voir, cette seconde existence qui ne doit ressembler en rien à celle des misères humaines et terrestres !

La vie de Marie Lamic, considérée dans ses détails comme dans son ensemble, présente peut-être le caractère le plus étonnant et le plus sublime qui puisse se rencontrer dans notre siècle.

Sincèrement attachée à ses parens, dévouée au malheur, bienveillante pour tout le monde, Marie Lamic n'avait pas le loisir d'être sentimentale, elle ne croyait pas aux vapeurs ni aux attaques de nerfs. Elle mettait son amour-propre dans la plus grande propreté dans ses habillemens et dans l'intérieur de sa chétive demeure, où l'on voyait régner toujours un ordre admirable. Levée dès le point du jour, livrée du matin au soir aux soins les plus minutieux et aux travaux les plus pénibles, sans jamais se permettre aucune distraction ; n'interrompant ses occupations journalières que pour assister tous les jours à la messe du pasteur de son village, c'est ainsi que cette pieuse fille remplit constamment ses journées. Elle assistait aux offices divins avec une profonde édification, fille de cette piété chrétienne qui, en Marie Lamic, était vraiment exemplaire. Ses vertus, ses actions, sa bienfaisance, son dévouement au malheur, ses consolations aux pauvres et aux malades, excitèrent toujours un concert d'admiration parmi ses contemporains. Toutes les vertus de cette vénérable fille sont aujourd'hui sanctionnées par tous ceux qui l'ont connue et qui ont pu l'apprécier.

Marie Lamic savait ce que le respect humain a d'outrageant pour la majesté divine, et ce qu'il a d'insensé et d'extravagant. Elle n'était pas comme ces chrétiens qui n'osent pas avouer ce qu'ils croient; et cependant ils croient pouvoir conquérir l'estime des hommes. Insensés! les personnes estimables les méprisent, et ne voient dans leur conduite que faiblesse, lâcheté et trahison. Non, Marie Lamic n'était jamais arrêtée par le respect humain dans aucune de ses pieuses actions. Combien est différent le sort de l'ame chrétienne qui ne craint rien, et qui, par sa constance, force le monde à l'estimer et à la respecter. Telle fut toujours la noble voie d'où cette vertueuse fille ne s'écarta jamais; aussi, ceux-mêmes qui n'imitaient pas sa belle, sa noble conduite, enviaient son sort, et la belle part dans l'estime des hommes comme dans l'amitié de Dieu qui lui appartenait à tant de titres.

La fidélité pour l'observation du dimanche allait, chez cette respectable fille, jusqu'à un rigorisme aussi gênant qu'il paraît absurde à quelques-uns; dans la crainte de violer la loi du dimanche, Marie Lamic évitait tout ce qui a même l'apparence d'une action, et elle se condamnait à une sorte de sévérité outrée, tant elle craignait de commettre quelque infraction à la loi du repos. Elle sanctifiait le dimanche avec un zèle dont on ne trouve presque pas d'exemple dans notre société, tant la philosophie de notre siècle et le sophisme ont engendré de désordre et une désolante anarchie. En effet, que voit-on aujourd'hui par suite de la violation de la loi du dimanche ? La jeune fille apporte-t-elle au sein de sa famille des joies plus douces et des exemples meilleurs ? Hélas ! le dimanche n'est aujourd'hui , pour la plupart des jeunes personnes, qu'une occasion de corruption et de misère ! Que les jeunes filles marchent sur les traces de la vertueuse Marie Lamic, qui a fait pendant plus d'un siècle l'admiration de tous ceux qui l'ont connue ! qu'elles fuient tous les genres de séductions, tous les piéges qu'on multiplie sous leurs pas..... qu'elles fuient surtout ces établissemens pestilentiels qui les convient au plaisir et les appellent sur le bord de cet abîme où leurs mœurs, leur foi, leur honneur, leur santé iront s'engloutir.....

C'est à l'église que Marie Lamic allait tous les jours puiser une nouvelle ardeur pour ses occupations journalières. C'est dans le temple du Seigneur que cette pieuse fille allait chercher quelques délassemens permis , pour se remettre à l'ouvrage avec une nouvelle ardeur. Elle avait une foi si vive et une telle rigidité de mœurs , qu'elle sanctifiait le saint jour du repos avec autant de zèle que les premiers chrétiens. Elle secourait et visitait, le dimanche, les pauvres et les malades. C'était comme une sorte de culte qu'elle rendait, le jour du Seigneur, à l'indigence d'un Dieu pauvre et souffrant ; et sa bienfaisance était ainsi tout à la fois un acte de charité, de religion. Pas une seule fois la parole évangélique ne se fit entendre dans la paroisse de Palmas sans que cette vénérable centenaire ne quittât ses travaux pour aller écouter la voix de son pasteur.

Dans sa grande et touchante simplicité, Marie Lamic savait bien que l'homme ne vit pas seulement du pain, et que la chair et le sang sont tout son être; elle attendait une meilleure patrie, une cité plus stable ; elle savait que le regard, les actions, la vie entière de l'homme, indiquent suffisamment qu'il y a en lui une substance plus excellente que celle qui se voit, se touche, se flétrit et se pulvérise. Sa foi était vive et profonde.

Elle se plaisait à raconter à tout le monde l'éducation religieuse que lui avait donnée sa mère, et à laquelle elle attribuait tout son bonheur.

La vie obscure, simple et édifiante de cette vertueuse centenaire, ressembla à l'existence de ces vénérables Filles de Saint-Vincent de Paul, à ces dignes sœurs de charité qui portent la robe de bure et la coiffe blanche. Elle aussi n'avait d'autre vêtement qu'une robe de bure et une coiffe blanche d'une extrême simplicité.

Marie Lamic se voua dès sa jeunesse au service des pauvres et des malades, et aux saintes pratiques de la religion. Sa vie entière a réalisé la vocation sainte dont elle fit choix presque encore enfant.

A l'exemple de saint Vincent de Paul, cette pieuse fille témoignait une vive tendresse aux enfans, qui prenaient un grand plaisir à l'entendre. Elle leur répétait souvent sa maxime : « *Conservez, mes enfans, cette heureuse simplicité, si précieuse aux yeux de notre Seigneur, et qui doit vous ouvrir un jour la porte du ciel.* » Tel était le langage qu'elle tenait aux enfans.

Elle cherchait à détourner, par de sages conseils, les jeunes gens et surtout les jeunes personnes qu'elle savait se disposer à voyager ; et, à cet effet, elle leur parlait ainsi : « *Les travaux des champs,* leur disait-elle, *doivent suffire à tous vos besoins, comme ils ont suffi à nos pères.* » Elle les engageait, les priait, les suppliait même de ne pas sortir de l'état de paix et de simplicité où le ciel les avait placés. Ses conseils ne furent pas toujours écoutés. Trois frères de cette vertueuse fille quittèrent bien jeunes le toit paternel pour voyager. Aucun d'eux n'est revenu auprès de la vénérable centenaire ; ils moururent tous loin de leur pauvre sœur. Le plus jeune de ces trois frères s'était établi à Toulouse, et, après un séjour de plusieurs années, revint voir ses deux sœurs, et engagea Marie à aller le voir à Toulouse. Marie, qui aimait beaucoup son frère, se rendit à ses désirs, et elle entreprit le voyage de Toulouse ; ce qui était pour cette pauvre fille, qui n'avait jamais quitté ses *dieux pénates*, un véritable voyage de long cours. Après avoir visité son frère et sa famille, elle revint aussitôt auprès de sa sœur aînée, qu'elle n'avait jamais quittée et qu'elle affectionnait particulièrement. Malgré les vives instances de son frère, qui voulait la retenir près de lui, elle ne put se décider à se séparer de sa pauvre sœur et des enfans de cette dernière, dont Marie était le principal appui et le guide le plus sûr. En disant adieu à son frère, en se séparant de lui et de sa famille, Marie Lamic éprouva une affliction profonde : « *Le jour que je partis de Toulouse, disait-elle il y a environ deux ans, j'eus tant de douleur de quitter mon frère et ses enfans, que je ne fis que pleurer tout le long du chemin, et pleurer sans cesse.* »

Eprouvée dans son enfance par le besoin, par l'indigence, Marie Lamic fut plus tard obligée de travailler jour et nuit pour soutenir une sœur, mère de famille, et plusieurs neveux devenus orphelins. Au milieu de tant de misères, la vertueuse centenaire ressentit constamment les douces affections de la famille, et elle ne méconnut jamais les devoirs qu'imposent ces tendres sentimens.

Enfant, elle partagea les souffrances de ses infortunés parens, et, plus tard, elle éleva plusieurs neveux et petits-neveux avec un dévouement sans bornes ; sa sollicitude, si tendre et toujours si empressée, s'étendit même sur des arrière-neveux, enfans de la quatrième génération dans sa famille. Cette bonne fille avait pour tous ses parens les mêmes sentimens d'affection. Ornée de toutes les vertus, Marie Lamic consacra sa longue et honorable existence à rendre heureux tous ceux qui l'entouraient ; elle était sans cesse occupée à visiter les pauvres et les malades.

La vie de Marie Lamic fut une série continuelle d'actes de vertu, de dévouement et de bienfaisance. Cette vie si bien remplie fut couronnée par une vieillesse exempte de toute infirmité et par une mort de prédestinée. Elle devait sa belle vieillesse, qu'on peut regarder comme la plus précieuse récompense des vertus ici-bas, à des habitudes régulières et à une grande tempérance qui ne se démentit jamais.

A l'âge de cent quatre ans, cette vertueuse fille fit une chute grave qui la priva de l'usage de ses jambes ; elle avait alors une grande vigueur, et se tenait parfaitement droite : en la voyant, on lui eût donné soixante à soixante-dix ans au plus.

Sa taille droite, mais petite, ne s'était pas du tout affaissée sous le poids de ses cent cinq printemps.

On remarquait sa mise simple, mais d'une grande propreté ; son vêtement, dont la coupe rappelait le XVIIIe siècle.

Pendant les dernières années de sa vie, elle répondait avec justesse et précision aux questions que nombre de personnes lui adressaient. Son ouïe était très-fine, sa parole vive et rapide ; elle avait conservé toutes ses dents, qui étaient presque aussi blanches que celles d'une jeune personne.

Elle regrettait beaucoup de ne pouvoir plus travailler ; elle fut toujours très-laborieuse, fort gaie, et insouciante de l'avenir.

Pas la moindre ride, pas la moindre infirmité. Au moral, elle n'avait rien perdu, car elle conserva intactes toutes ses facultés morales et intellectuelles jusqu'au moment suprême. Tous ces précieux avantages étaient le résultat de la vie sobre qu'elle avait constamment menée.

En entrant dans la modeste demeure de cette centenaire, on était d'abord frappé de l'ordre admirable et de l'excessive propreté qui régnaient dans cette chétive habitation.

Depuis plus d'un demi-siècle, cette pieuse fille s'était confinée dans une petite chambre, située au rez-de-chaussée de la maison qui l'avait vue naître. Cette chambre, dont la porte d'entrée était au sud, avait une très-petite croisée grillée du côté de l'est, élevée au dessus du sol d'environ un mètre et demi. Près de cette petite croisée était un lit, surmonté d'un grand ciel soutenu par quatre colonnes, et tout autour duquel était suspendu un grand rideau d'étoffe d'une couleur verte ; la couverture du lit était de la même étoffe et de la même couleur, et toujours parfaitement tendue. Le chevet de son lit était près de la croisée, par laquelle un faible jour pénétrait dans la chambre. Presqu'au dessous de la croisée était placé le foyer que cette fille avait improvisé, car il n'y avait pas de cheminée dans la chambre. Dans un coin de la chambre, on voyait un vieux coffre de forme antique, avec des colonnes tournées aux quatre angles, et qui pouvait avoir le double d'âge de la propriétaire : le moindre déplacement de ce vieux meuble, tout vermoulu, l'aurait réduit en poussière. C'était dans ce coffre qu'elle plaçait, avec beaucoup d'ordre, une partie de ses provisions de bouche. Dans un autre coin, et près de son lit, on apercevait une petite armoire de bois blanc, dans laquelle la centenaire enfermait ses habillemens et son linge, toujours très-blanc, et soigneusement ravaudé. Deux chaises, et un pétrin dans lequel elle manipulait son pain noir, composaient tout le mobilier de cette pauvre fille, qui prenait ses frugals repas sur le couvercle du pétrin, qui lui servait de table à manger. Dans la partie la moins apparente de la chambre était placé un tas énorme de bois à brûler, artistement arrangé.

C'est dans une pareille demeure que cette fille centenaire coula des jours heureux et paisibles, en consacrant tous ses momens entre la prière et le travail. C'était près de ce foyer, dont la fumée s'échappait par la petite croisée grillée, qu'elle passait les longues veillées d'hiver, occupée à prier et à travailler, à la lueur pâle d'une petite lampe appelée dans le pays, en patois, *loulun*, dans laquelle elle brûlait de l'huile provenant des noix qui se récoltent dans les environs.

Pendant la belle saison, Marie Lamic allait travailler aux champs, d'où elle ne revenait jamais sans porter avec elle un petit fagot de bois qu'elle ramassait près des haies ou sur son chemin. Elle portait souvent dans sa main quelques menues branches de buisson ou de quelque arbrisseau, et dont le volume de sa charge n'excédait point celui d'un paquet de cent plumes d'oie. C'était de cette manière qu'elle faisait sa provision de bois pour passer ces longs et souvent très-rigoureux hivers qui se font sentir dans les montagnes de l'Aveyron.

Levée toujours au point du jour, son premier soin était de prier et de nettoyer sa chétive demeure. Elle partait ensuite pour les champs, où les travaux l'appelaient. Vers huit heures du matin, et quand elle entendait la cloche du village qui appelait les fidèles, elle revenait au village pour assister à la messe, ce qu'elle faisait journellement, quelque grandes que fussent ses occupations. Après avoir entendu la messe de son pasteur, elle déjeûnait et allait ensuite reprendre ses travaux de la journée, emportant avec elle un morceau de pain noir et quelques alimens grossiers. La journée terminée, et de retour au village, elle se rendait à l'église pour y faire une courte prière en actions de grâces d'avoir passé en bonne santé sa journée. Cela fait, elle prenait quelque nourriture et se couchait de bonne heure, pour recommencer le lendemain de la même manière. Telles étaient les occupations de cette admirable fille pendant la belle saison.

Quand l'hiver approchait avec tout son cortége de frimas, de pluie, de neige et de glace, on voyait sa petite chambre encombrée de provisions de toute nature, et l'on avait sous les yeux une image exacte de la vie active, laborieuse et prodigieuse de la fourmi. Bien que cette pauvre et simple centenaire n'eût jamais lu la fable de *la Cigale et la Fourmi*, elle ne laissait pas cependant d'imiter cette dernière par son industrie et par son activité à se pourvoir de tout ce qui lui était nécessaire pour passer l'hiver. Vers la fin de l'automne, elle reprenait ses travaux habituels, qui consistaient à filer la laine qui devait servir à confectionner son habillement, qu'elle ne renouvelait qu'à de longs intervalles, tant elle prenait soin de sa modeste toilette. En mourant, elle a laissé quelques vieilles robes confectionnées avec une grosse laine, qu'elle portait depuis plus de trente ans, et sur lesquelles on n'apercevait nulle tache.

Vers les dernières années de sa vie, on la voyait, pendant les quelques beaux jours d'hiver, assise sur le seuil de sa porte, jouir des rayons bienfaisans du soleil, entourée d'une foule de petits enfans du village qu'elle caressait, et dont elle était tendrement aimée.

Dès sa jeunesse, Marie Lamic donna des preuves non équivoques de sa haute piété, de l'équité, de la pureté exemplaire de ses mœurs patriarcales, qui, pendant le cours de sa carrière, la rendirent l'objet de l'estime publique. Sa vive tendresse pour ses parens, son admirable concorde avec tout le monde, la rendirent un exemple pour tous ceux qui vivent dans une même famille.

Sa grande piété et ses sentimens religieux étaient connus de tout le monde. Un respectable et savant prêtre, M. F***, qui fut son directeur pendant long-tems, trouvait que le zèle religieux de cette fille pieuse et simple était parfois outré. Aussi, quand il la voyait près du confessionnal, il s'approchait d'elle et lui disait quelquefois, tout bas : « *Vous viendrez la semaine prochaine.* » Marie Lamic se retirait sans murmurer ; mais on voyait sur sa physionomie un mécontentement qu'elle ne pouvait pas dissimuler. Elle craignait toujours de mourir avec quelque misérable peccadille sur sa conscience, un peu trop scrupuleuse ; et cette crainte était le motif de ses fréquentes visites à son pasteur, homme éclairé, et qui disait souvent, en parlant de cette vertueuse fille : *C'est une sainte.*

Cette pieuse fille, qui possédait des qualités précieuses, un bon cœur, une ame ornée des vertus les plus aimables, se concilia toujours l'estime et la respectueuse affection de tout le monde. Elle fut du nombre de ceux qui n'eurent que des amis. Ce qui, chez Marie Lamic, relevait tant de nobles qualités, tant de sublimes vertus, c'était la simplicité modeste avec laquelle elle évitait toujours de parler d'elle, et de sa bienveillance pour tout le monde, et de ses vertus. C'est cet ensemble harmonieux de bonnes, de belles et de nobles actions, dégagées toujours de ce qui pourrait les affaiblir aux yeux des hommes, qui assurent à cette respectable centenaire une part si complète à l'admiration et à la vénération de ses contemporains. Il n'est pas un jour de sa longue carrière qui ne présente quelque action de dévouement et de bienfaisance, et qui n'inspire des sentimens vraiment chrétiens. C'est par la seule et constante pratique de toutes les vertus que cette pieuse fille s'est attiré l'admiration, le respect de ses concitoyens, de tous ceux qui l'ont connue et de la postérité. La constance était l'inséparable compagne de la voie dans laquelle elle était entrée. Tant de précieuses et belles qualités ont valu à cette fille obscure et vertueuse cette unanimité d'éloges de ses compatriotes qui a entouré sa tombe.

Que ne puis-je entrer ici dans tous les détails de tout ce que son zèle actif sut lui inspirer pour le bien de l'humanité souffrante et de la religion! Il faudrait interroger tous les habitans de son pays, les enfans de quatre générations, pour apprendre le désintéressement, la piété et la bienfaisance dont cette pieuse et vénérable fille ne cessa de faire preuve durant un siècle. Dirai-je aussi tous les sacrifices qu'elle s'imposa et les privations auxquelles elle se condamna souvent pour des enfans de quatre générations qui se sont succédé dans sa famille? le tendre et filial amour qu'elle témoigna toujours aux auteurs de ses jours? Que ne puis-je citer ici toutes les personnes qui, depuis un siècle, furent témoins de son dévouement généreux pour le malheur, de sa fervente piété et de son amour pour tout le monde!

Marie Lamic allait atteindre sa cent quatrième année, lorsqu'elle fit la chute grave dont les suites la conduisirent au tombeau quinze mois après cet événement. Dieu voulut lui accorder encore quelque tems pour épurer ses vertus et édifier tout ce qui l'environnait. Ce fut avec des dispositions tout angéliques qu'elle accomplit ce double but du souverain Maître. Voyant que la vie lui échappait, elle demanda à recevoir les derniers secours de la religion, qu'elle avait tant aimée et honorée pendant sa vie. Comme elle était grande sur son lit de mort, en face de son Sauveur, qui devait bientôt la juger, en face de son trépas, qu'elle atendait avec calme et confiance! Elle demandait pardon de ses fautes, elle

donnait à chacun les conseils et les avertissemens
que lui suggérait sa vieille expérience, et à tous sa
bénédiction et son dernier adieu. Au milieu de cette
scène déchirante, et qui arrachait des larmes à tous
les assistans, Marie Lamic se montra au dessus de
toutes les émotions et de tous les sentimens de la
terre ; elle ne vivait plus que d'une vie surnaturelle,
et sa foi l'avait grandie dans ces dernières épreuves.
« *Voilà, mes amis,* disait-elle aux personnes qui
se tenaient près de son lit, en leur montrant le cru-
cifix, *voilà ce qui est tout, et le reste n'est rien !
O mon Dieu ! je vous aime de tout mon cœur, de
tout mon cœur !..... »*

Cette vénérable fille sentait que son heure était
proche, et cette conviction, loin de l'effrayer, ne fit
que réveiller en elle ces sentimens religieux qui l'a-
nimèrent pendant sa vie. Soutenue par une foi vive
et une piété solide, son ame s'élevait avec ravisse-
ment et confiance à la contemplation de l'éternité.
Son directeur l'entretint dans ces dispositions, et lui
offrit les derniers secours que la religion donne au
chrétien mourant ; elle les reçut avec bonheur et
reconnaissance.

Qu'ils sont déchirans et sublimes ces momens où
la vie jette ses dernières lueurs, et où l'homme
semble placé entre le ciel et la terre ! Pendant ses
derniers momens, on vit le sourire errer encore sur
ces traits qui allaient devenir immobiles. Ses yeux
se reposaient avec délices sur les objets de ses chères
affections, et elle semblait les élever vers le ciel,
pour qu'il daignât la laisser quelques instans encore
jouir de leurs dernières caresses. Quels sages conseils ne prodigua pas sa tendresse à ceux qu'elle avait
tant aimés !.... Vénérable fille, c'est ainsi que mou-
raient ces anciens patriarches dont la tradition a
transmis la touchante mémoire à notre vénération.
Leur ame, dégagée des biens de la terre, ne son-

geait plus qu'à la dernière patrie, et ils s'endor-
maient en bénissant leurs enfans. Ainsi l'homme de
bien abandonne la terre ; ainsi le juste, dans un
monde meilleur, voit la récompense de ses vertus
et le prix de son innocence.

Marie Lamic succomba le 15 janvier 1842, vers
onze heures du soir. Sa mort fut le signal des regrets
les plus vifs et les mieux sentis. Les marques d'intérêt qu'elle reçut pendant les quinze mois qu'elle
garda le lit, se changèrent en de véritables témoignages d'une douleur profonde, qui se manifesta
par un concours nombreux qui suivit, à son dernier
asile, la fille centenaire modeste et vertueuse. La
douleur était dans tous les cœurs, son éloge dans
toutes les bouches. Les habitans de Palmas se pres-
saient autour de la dépouille chérie de leur amie,
de leur doyenne.....

Les amis de Marie Lamic se disputaient l'honneur de porter les restes mortels de cette vénérable
centenaire, de cette amie dévouée. Chacun voulait
payer la dette du cœur, et cherchait dans cet hom-
mage un tempérament à sa douleur. Les regrets et
le touchant empressement de ces bons habitans de
la campagne sont plus éloquens que mes paroles. Ils
se rappelaient sa bonté bienveillante, sa tendre sollicitude pour le malheur, et sans doute sa bienfaisance. Ces tendres témoignages d'affection, d'estime et de sympathie, que les habitans de Palmas
accordèrent à la famille de cette pieuse fille, seront
à jamais chers à son souvenir, et sont le plus bel
héritage qu'elle puisse ambitionner.

Quel exemple a laissé cette vertueuse fille ! Elle a
vécu en fille d'honneur..... elle est morte en prédestinée, et les regrets universels qu'elle inspire sont
la plus belle oraison funèbre que puisse faire entendre une juste douleur. Tous ceux qui l'ont connue et qui ont pu apprécier sa conduite si noble, sa

piété si fervente et si édifiante, béniront sa mémoire, et son nom vénéré sera gravé en traits ineffaçables dans leurs cœurs reconnaissans.

Parmi tant de témoignages d'estime, d'amitié et d'une généreuse sympathie que reçut Marie Lamic pendant le cours de sa longue carrière, j'en citerai seulement quelques-uns.

En 1839, une auguste princesse, connue de la France entière par ses vertus sublimes et royales, Marie-Amélie, reine des Français, voulut honorer la fille centenaire de sa royale et généreuse sympathie, en lui accordant un secours, comme un témoignage de sa royale satisfaction pour la vie frugale et exemplaire qu'elle avait toujours menée.

En 1841, plusieurs compatriotes de Marie Lamic, qui habitaient Paris, en apprenant la chute grave qu'elle venait de faire, s'empressèrent d'ouvrir, dans cette capitale, une souscription en sa faveur. La lettre suivante, insérée dans plusieurs journaux de Paris et du département de l'Aveyron, indique le but de cette œuvre spontanée de bienfaisance.

« Paris, 6 avril 1841.

» Monsieur le rédacteur,

» Plusieurs habitans de la commune de Palmas, département de l'Aveyron, résidant actuellement à Paris, mûs par un sentiment d'humanité, en apprenant le funeste accident dont vient d'être victime la nommée Marie Lamic, fille célibataire, âgée de cent quatre ans, née et domiciliée à Palmas, viennent d'ouvrir une souscription en faveur de cette fille centenaire, leur compatriote.

» Ils croient devoir faire un appel à la charité des Aveyronnais qui habitent la capitale. Ils recommandent aussi leur infortunée compatriote à la bienveillance de toutes les personnes charitables qui voudront bien concourir à cette œuvre de bienfaisance en faveur d'une fille vertueuse qui, pendant près d'un siècle, a vécu du produit de son seul travail, et qui se trouve aujourd'hui dans un état complet d'indigence, par suite d'une chute grave qu'elle vient de faire.

» Toutes les personnes bienfaisantes qui voudront bien participer à cette œuvre de charité, sont priées de déposer leur offrande entre les mains de M. Combarel, avocat, rue du Bac, n° 53, ou de Mme François Caplat, propriétaire, barrière Poissonnière, rue de la Goutte-d'Or, n° 32, à Paris.

» Je vous prie, Monsieur le rédacteur, au nom de mes compatriotes qui viennent d'ouvrir cette souscription, d'avoir l'extrême bonté d'insérer ma lettre dans votre estimable journal.

» Agréez, etc.

» BELLOC, *de Palmas.*

» *Souscripteurs :* MM. L. Belloc, 5 fr. ; P. Caplat, 2 fr. ; F. Caplat, 5 fr. ; Mme Delas, née Caplat, 1 fr. 50 c. ; A. Bruguière, 1 fr. ; V. Bro, 3 fr. ; A. Fautrié, 2 fr. ; Mlle J. Alauzet, 1 fr. ; M. Marie Alauzet, 2 fr. ; A. Lenfrun, 1 fr. ; Mlle Bezombes, 1 fr. ; Testes, 1 fr. 50 c. ; V. Puech, 1 fr. 50 c. ; A. Delbosc, 1 fr. 50 c. ; D. Bonnes, 1 fr. 50 c. ; Mlle S. Bringuié, 1 fr. ; J. Gayraud, 50 c. ; Galibert, 1 fr. ; Marion, 1 fr. »

Parmi les personnes qui souscrivirent à cette œuvre de charité, se trouvaient plusieurs domestiques et plusieurs ouvriers, pères de famille, vivant du produit de leur travail. Marie Lamic, en recevant le produit de cette souscription, se montra on ne peut plus reconnaissante, et ne cessa de bénir les auteurs de l'œuvre bienfaisante dont elle était l'objet.

Vers la même époque, M. le ministre de l'intérieur fut instruit de la triste situation de cette infortunée centenaire. Il s'empressa de lui faire remettre un secours de la part du gouvernement.

En 1842, un autre secours, plus considérable que le premier, fut accordé par le gouvernement à Marie Lamic ; mais la pauvre centenaire ne put pas en profiter, la mort l'ayant frappée.

Il me serait bien difficile de faire connaître toutes les personnes qui l'entouraient d'une vive et généreuse sympathie ; je craindrais d'ailleurs de blesser leur modestie.

Les personnes charitables n'étaient pas les seules à s'occuper de cette vertueuse fille : les journaux en parlèrent plusieurs fois. Le *Journal des Villes et des Campagnes,* dans son numéro du 28 octobre 1841, parla en ces termes de Marie Lamic dans un article intitulé : *Longévité.*

« La commune de Palmas (Aveyron) est témoin d'un exemple assez rare de longévité. Il existe dans cette commune une fille célibataire, âgée de cent cinq ans, nommée Marie Lamic, qui n'a jamais éprouvé de maladie sérieuse. Cette centenaire est citée comme la fille la plus vertueuse et la plus pieuse de la contrée, qu'elle n'a cessé d'édifier par la pratique de toutes les vertus.

» Les mères de famille la proposent à leurs enfans comme un modèle vivant de toutes les vertus chrétiennes. La vie de cette pieuse fille a toujours été très-frugale. Elle s'est presque exclusivement nourrie d'alimens végétaux, et ne boit pas de vin. Elle jouit encore de toutes ses facultés morales et intellectuelles. Ses compatriotes, qui la vénèrent, croient qu'elle pourra vivre encore plusieurs années, malgré une chute grave qu'elle fit l'année dernière, et dont les suites l'ont privée de l'usage de ses jambes.

» M. le ministre de l'intérieur, ayant connu l'extrême indigence de cette vertueuse fille, lui a accordé, au commencement de cette année, un secours. Nous ne doutons pas qu'il ne continue son œuvre de bienfaisance envers cette infortunée, qui est sans ressource aucune. Cet acte de charité fera le plus grand honneur à son auteur, et sera, pour celle qui en est l'objet, une digne récompense de ses vertus ici-bas. »

Telle était la sympathie qu'excitait la noble conduite de Marie Lamic, à tel point que les journaux s'entretenaient d'elle et lui décernaient des éloges pendant sa vie obscure.

Le 2 février 1842, le *Journal de l'Aveyron* annonça la mort de cette centenaire en ces termes :

« Le 15 janvier, est morte à Palmas, canton de Laissac, Marie Lamic, fille célibataire, âgée de cent cinq ans. Elle a joui jusqu'à ses derniers momens de ses facultés morales et intellectuelles, et il y a à peine un an qu'elle avait encore une grande vigueur physique, lorsqu'elle fit une chute grave qui lui ôta l'usage de ses jambes. Sans cet accident, il est permis de croire que sa vie, jusqu'alors exempte d'infirmités, se serait prolongée davantage. Elle a dû cette belle vieillesse, disent ceux qui l'ont connue, à une grande tempérance qui ne s'est jamais démentie. Elle se nourrissait presque exclusivement d'alimens végétaux, et ne buvait pas de vin.

» Mais ce n'est pas tout ce que nous avons à dire sur le compte de cette fille. Il paraît que sa longue carrière a été consacrée à des actes de bienfaisance et de dévouement envers des malades, envers les membres de sa famille, et notamment envers trois orphelins de son village qui lui étaient étrangers. Au moment où la mort vient de la frapper, un récit de sa vie, préparé par M. Laur, maire de Palmas, allait être présenté à l'Académie française, pour lui faire obtenir l'un des prix de vertu fondés par M. de

Monthyon. Déjà, et par les soins du même magis-
trat, l'honorable existence de cette centenaire avait
été signalée à la munificence du roi et de la reine des
Français, qui lui ont accordé deux secours, l'un en
1839, et l'autre en 1841. »

Les belles actions de cette pieuse centenaire sont
restées inconnues comme elle-même jusque vers la
fin de ses jours. Il est à regretter que cette sainte
fille ait accompli sa longue carrière sans recevoir la
récompense due à la vertu, récompense qui lui eût
été probablement accordée par l'Académie française.

L'admiration presque universelle excitée par l'in-
fatigable charité, le dévouement sans bornes et
l'entière abnégation de cette vertueuse fille, avait
suggéré aux habitans de Palmas l'heureuse idée de
signaler sa noble conduite à l'Académie française,
dans le but de lui faire obtenir l'un des prix de
vertu fondés par M. de Monthyon. La Providence a
voulu la rappeler dans son sein, sans doute pour
lui décerner la récompense due à ses nobles, à ses
sublimes vertus.....

Honoré pendant plus de trente ans de la bienveillante et sincère amitié de Marie Lamic, qui, dès
mes plus jeunes années, me prodigua les tendres
soins d'une véritable mère, j'ai résolu d'écrire tout
ce que je sais de sa longue vie. Personne mieux que
moi ne connaît son dévouement sans bornes pour
l'infortune, sa charité, son amitié sincère et bienveillante, enfin toutes les vertus chrétiennes dont
elle était si prodigieusement douée.

Un sentiment d'amour, de vénération, d'une vive
et profonde reconnaissance, m'a inspiré la pensée
d'écrire ce que je sais de sa vie patriarcale. Je re-
grette bien sincèrement de ne pouvoir raconter ici
tous les traits admirables de la longue et prodigieuse
existence de cette vieille et vénérable amie, dont je
déplore la perte.

La vie d'une telle fille ne devrait point être présentée sous un point de vue aussi restreint, comme une simple histoire édifiante. Toutes les pages d'une vie aussi bien remplie serviraient à l'édification des jeunes personnes, qui liront peut-être avec intérêt ces quelques lignes.

Il me resterait beaucoup à dire, si je pouvais énumérer ici toutes les actions vertueuses de la vie obscure de cette pieuse centenaire, qui fut la meilleure de mes amies..... Mais la citation des principaux actes de dévouement et de piété de cette vénérable fille suffira, sans doute, pour inspirer le désir de lire cette courte notice, écrite par une main amie, guidée par une amitié sincère et par la plus profonde reconnaissance envers la fille vertueuse qui vécut cent cinq ans !.....

FIN.